WORKS FOR PIANO FOUR HANDS AND TWO PIANOS

Claude Debussy

SERIES I

Dover Publications, Inc., *New York*

Published in Canada by General Publishing Company, Ltd., 30 Lesmill Road, Don Mills, Toronto, Ontario.

Published in the United Kingdom by Constable and Company, Ltd., 3 The Lanchesters, 162–164 Fulham Palace Road, London W6 9ER.

This Dover edition, first published in 1991, is a new collection of six works originally published separately:

Prelude de L'Enfant Prodigue, A. Durand & Fils, Paris, 1907.

Cortège et Air de Danse extrait de la Cantate L'Enfant Prodigue *pour Piano à 4 mains*, A. Durand & Fils, Paris, 1905.

Printemps: Suite Symphonique pour Orchestre, Piano et Chœurs. Transcription pour Piano à 4 mains, A. Durand & Fils, Paris, 1904.

Petite Suite pour Piano à quatre mains, Durand & Cie, Paris, n.d.

Prélude à l'après-midi d'un faune de Stéphane Mallarmé, Jean Jobert, Paris, n.d.

Six épigraphes antiques pour piano à 4 mains, Durand & Cie, Paris, 1915.

A glossary of French terms has been added.

We are grateful to Arbie Orenstein, the music library of Wellesley College, and the Sibley Music Library at the Eastman School of Music for the loan of three of the scores for reproduction.

Manufactured in the United States of America

Dover Publications, Inc., 31 East 2nd Street, Mineola, N.Y. 11501

Library of Congress Cataloging-in-Publication Data

Debussy, Claude, 1862–1918.

[Selections]

Works for piano four hands and two pianos / Claude Debussy.

p. of music.

In part, arrangements.

Originally published: Paris : A. Durand or J. Jobert, ca. 1900–1915.

Contents: ser. 1. Prélude, cortège et air de danse : from L'enfant prodigue, for piano four hands (1884) ; Printemps : for piano four hands (1887, arr. 1904) ; Petite suite : for piano four hands (1886–1889) ; Prélude à l'après-midi d'un faune : for two pianos (1892–1894, arr. 1895) ; Six épigraphes antiques : for piano four hands (1914) — ser 2. Marche écossaise sur un thème populaire : for piano four hands (1891) ; Danses : for two pianos (1904) ; La mer : for piano four hands (1903–1905) ; En blanc et noir : for two pianos (1915).

ISBN 0-486-26974-4 (pbk. : ser. 1). — ISBN 0-486-26975-2 (pbk. : ser. 2)

1. Piano music (4 hands). 2. Piano music (4 hands), Arranged. 3. Piano music (Pianos [2]) — Scores. 4. Piano music (Pianos [2]), Arranged—Scores.

M3.1.D4D8 1991 91-756223

CIP

M

Contents

Glossary of French Terms

à, to, by
abandonné, abandoned
accentués, accented
accords, chords
accusé, prominent
(en) allant toujours se perdant, gradually dying away
alerte, brisk
ami, friend
(en) animant, accelerando
animé, animated
animez, quicken
arriver à, reach
assez, rather
au, to, at
aussi . . . que, as . . . as
avec, with
basse, bass
beaucoup, considerably
bien, quite, very
brillant, brilliant
calme, calm
ce, this, *ces*, these
cédez, rallentando
chant, melody
chanté, cantabile
chœur, chorus
contenu, restrained
Contr., altos
Coryphée(s), vocal soloist(s)
court, short
croches, quarter notes
croissez, increase, crescendo
dans, in
de, of
début, beginning
(en) dehors, prominent
délicat, delicate
demi, half
dessin, line
dessus, (left hand) over, on top
(en) diminuant, diminuendo
(le) double moins vite, half as fast
doucement, softly
doux, tender, soft
du, of the
d'une, of a
éclatant, brilliant
effacé, unobtrusive
égal, regular
également, equally
emportement, transport
en, in
enchaînez, attacca
encore, still
ennemi, enemy, *tué à l'ennemi*, killed in action
entrée, entrance, beginning
et, and
été, summer
étouffé, damped
expressif, expressive
extrêmement, extremely
fin, end
gardent, keep, maintain
gracieux, gracefully
joyeux, joyfully
jusqu'à(u), until
l', la, le, les, the
(en) laissant aller, relaxing (the tempo)
laisser, let
langueur, languor
léger, light
lent, slow
lenteur, slowness
librement, freely
lié, legato
lointain(e), distant
lourd, heavy
lourdeur, heaviness
mais, but
marqué, marcato
Mars, March
m.d., right hand
même, same
mesuré, measured, moderato
mesures, measures
m.g., left hand
modéré, moderate
moins, less
mon, my
monotone, monotonous
mordant, biting
mouvement, *mouv*^{t}, tempo, *au Mouvement*, *au Mouv*^{t}, tempo primo
mouvementé, lively
pas, not
(à) peine, barely
pendant, during
(se) perdant, dying away
peu, little, *peu à peu*, gradually
plainte, lament
plaintif, plaintive
plus, more
pour, in order to
progressivement, progressively
quittez, release
raideur, stiffness, severity
ralenti, slower
(en se) rapprochant, speeding up
recueilli, contemplative
réduction de l'Orchestre, reduction of the orchestral part
reprenez, resume
retardez, slow down
(en) retenant, slowing down
retenu, restrained
revenez, return
rigueur, strictness
rude, harsh
rythme, rhythm, *rythmé*, rhythmic
sans, without
sec, dry, short
(en) serrant, quickening, stringendo
serré, quick
serrez, quicken
sonore, sonorous
sonorité, sonority
Sopr., sopranos
souple, flexible, supple
sourdement, dully
soutenu, sustained
strident, harsh
temps, beat, *à un temps*, beating in one
Tén., tenors
thème, theme, melody
toujours, steadily
tous, all
traîner, dragging
très, very
triste, sad, melancholy
tué, killed
tumultueux, tumultuous
un(e), a
unis, unison
valse, waltz
vibrer, ring
vite, fast
Ier, first, *I*^{er} *Mouv*^{t}, tempo primo

WORKS FOR PIANO FOUR HANDS AND TWO PIANOS

Prélude, Cortège et Air de Danse

from *L'Enfant Prodigue*

for piano four hands

Prélude, Cortège et Air de Danse

from *L'Enfant Prodigue*

for piano four hands

p
cres - - cen - - do
f
pp
morendo

8
p
bien chanté
8
8
8
cres - - cen - - do
f
pp
morendo

SECONDA
CORTÈGE
Moderato
p
mf
sf
p
f
mf
f
f très serré
mf
p
Un poco rit.
pp

CORTÈGE
Moderato
p
f
sf
p
f
mf
ff
f
Un poco rit.

AIR DE DANSE
And^te dans un rythme un peu abandonné
pp
Ped. con sordina
Très rythmé
p leggiero
tre corde
p
ff ben marcato
pp
ff ben marcato
pp

AIR DE DANSE
Andte dans un rythme un peu abandonné
pp
p
Très rythmé
p leggiero
p
ff
pp subito
8
pp subito
(dans une demi sonorité)

Un peu retenu
a tempo
(le dessin très accusé)
p
dim.
pp
8a bassa
8
f
court

Un peu retenu
a tempo
dim.
dim.
pp
p
p
pp
bien chanté et très lié
p
mf
f
p
f
p
court

ff
pp
f
pp
Un peu retenu
pp
8a bassa
8
8
8
8
8
8
p
pp
pp morendo
8a bassa
8
pp

ff
p
f
p
Un peu retenu
p
pp
di - mi - nu - en - do
8
pp
8
8
pp
ppp
8
pppp
8
en allant toujours se perdant
8
pp

Printemps

for piano four hands

I

(1) *Cette transcription peut s'exécuter à 4 mains sans les chœurs.*
This transcription can be performed by 4 hands without the choirs.

a Tempo
1a
2a
p
sfp
pp

CHŒUR
Sopr.
Contr.
Tén.
p
ppp
Poco più mosso
rall. e dim. molto
1a
Sopr. et Contr.
Poco più mosso
Tén.
rall. e dim. molto
2a
pp
1º Tempo
sf
1º Tempo

CHŒUR
Contr.
Sopr.
Tén.
pp
poco a poco cresc e animato
p
1a
poco a poco cresc e animato
2a
p
sempre cresc.
1a
sempre cresc.
2a

1a
2a
Très ralenti
Très ralenti
DEMI-CHŒUR
Sopr.
Contr.
Tén.
sempre pp rit. e morendo ppp
sempre pp rit. e morendo ppp

Andante molto espressivo
pp
1a
Andante molto espressivo
pp
2a
pp
1a
pp
2a
mf
dim.
pp
1a
mf
dim.
pp
2a

dolcissimo
Un peu animé
sempre dolcissimo
p
ppp
pp
1a
2a
cre - - - scen - - - do
a Tempo
mf
molto dim. e rall.
ppp

CHŒUR
Un poco più mosso
pp
1ª
Un poco più mosso
pp
2ª
f
3 Coryphées
p
pp
pp
pp
pp

poco a poco accelerando cresc.
1a
poco a poco accelerando cresc.
2a
molto cresc.
Rit.
molto cresc.
Rit.

Tempo moderato ma appassionato
mp
1a
très expressif
Tempo moderato ma appassionato
2a

Coryphée
Sopr.
1a
2a
Coryphée Sopr.
Coryphées
Contr.
Coryphée

3 Coryphées
mf
Animato
Più animato appassionato
cresc. poco a poco
a piacere
1a
Animato
Più animato appassionato
cresc. poco a poco
a piacere
2a
3 Coryphées
f
p
CHŒUR
f
f
1a
f
f
2a

Tempo moderato
8
pp subito
1a
Tempo moderato
pp subito
2a
p
2
pp
Coryphées
p
pp

2 2 2 2
Rall.
1ª
2ª
ppp
8
perdendo
1ª
ppp leggierissimo
8
perdendo
2ª
ppp leggierissimo

1° Tempo
Moderato
1ª
2ª
a Tempo
3 Coryphées (Unis)

Con moto ma non troppo
Moderato
1a
2a
Con moto ma non troppo
Moderato
pp
pp
pp
ppp
Con moto ma poco a poco
p
p
Con moto ma poco a poco
p
p
Più moto
p cresc. molto
Più moto
p cresc. molto

8
sempre cresc. e string.
1a
sempre cresc. e string.
2a
CHŒUR
Sopr. Contr.
pp
8
ff appassionato
Moderato
p
Moderato
ff appassionato
p
p
pp
Molto rit.
pp
perdendo
Molto rit.
pp
perdendo

1º Tempo
8
ppp
1ª
1º Tempo
le chant en dehors
pp
2ª
8
sf
1ª
2ª
pp
cre
scen
1ª
pp
2ª

en serrant un peu
8
1ª
do
en serrant un peu
2ª
Con moto poco a poco
mf
cre - - - scen - - - do
f
Con moto poco a poco
mf
cre - - - scen - - - do
f
Rit. - -
Rit. - -

Revenez au 1er Mouvt
Molto rall.
p dim.
sempre dim.
1a
Revenez au 1er Mouvt
Molto rall.
pp
sempre dim.
p
2a
a Tempo
ppp
ppp
1a
a Tempo
ppp
2a
Sopr. Contr. Tén.
pp
ppp
1a
2a
ppp

p
pp
pp
Ri - te - nu - to
1a
Ri - te - nu - to
pp
pp molto dim.
2a
3 Coryphées
p
ppp
Lent
8
pp très expressif
Lent
ppp
ppp

II

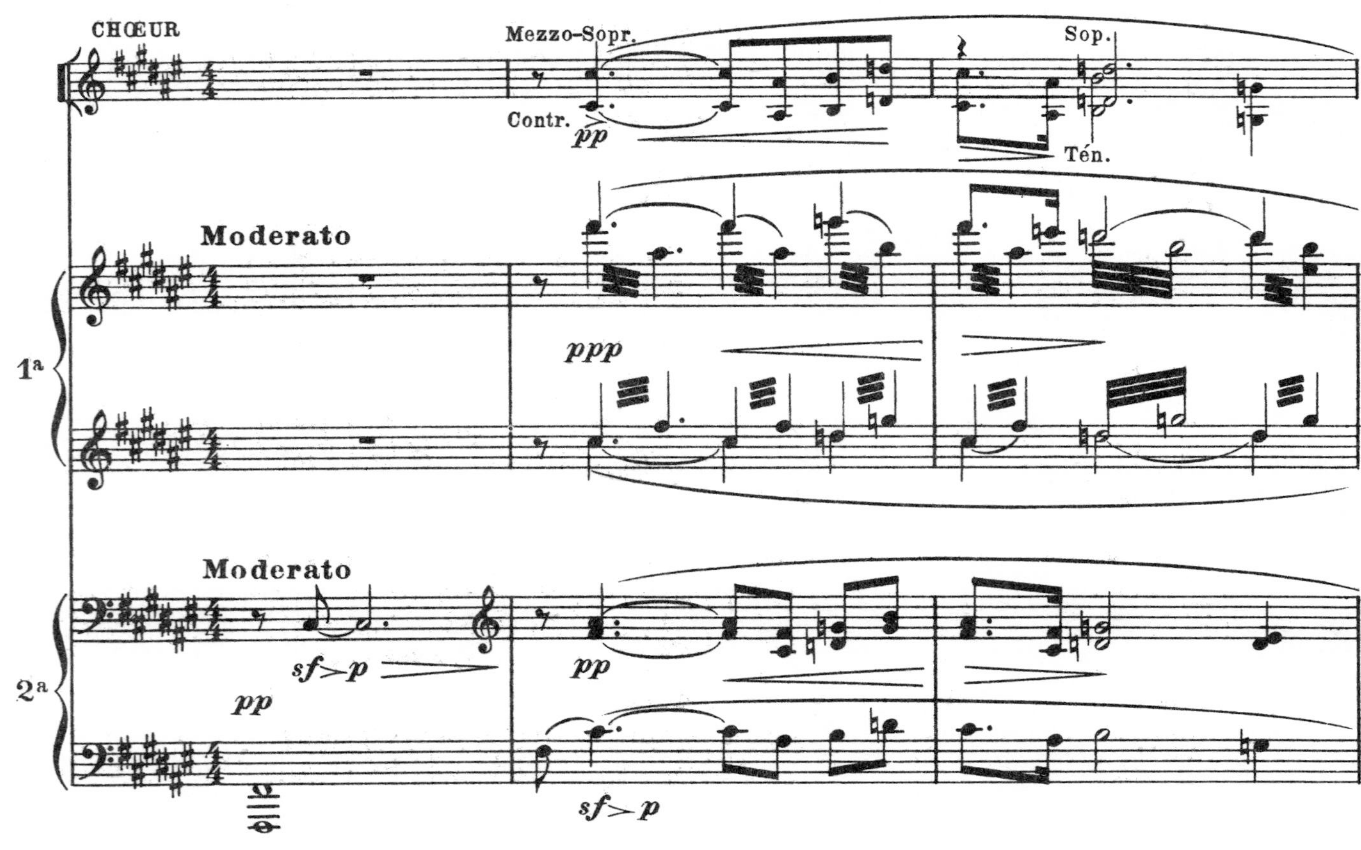
CHŒUR
Mezzo-Sopr.
Contr.
pp
Sop.
Tén.
Moderato
ppp
1ª
Moderato
sf>p
pp
2ª
pp
sf>p

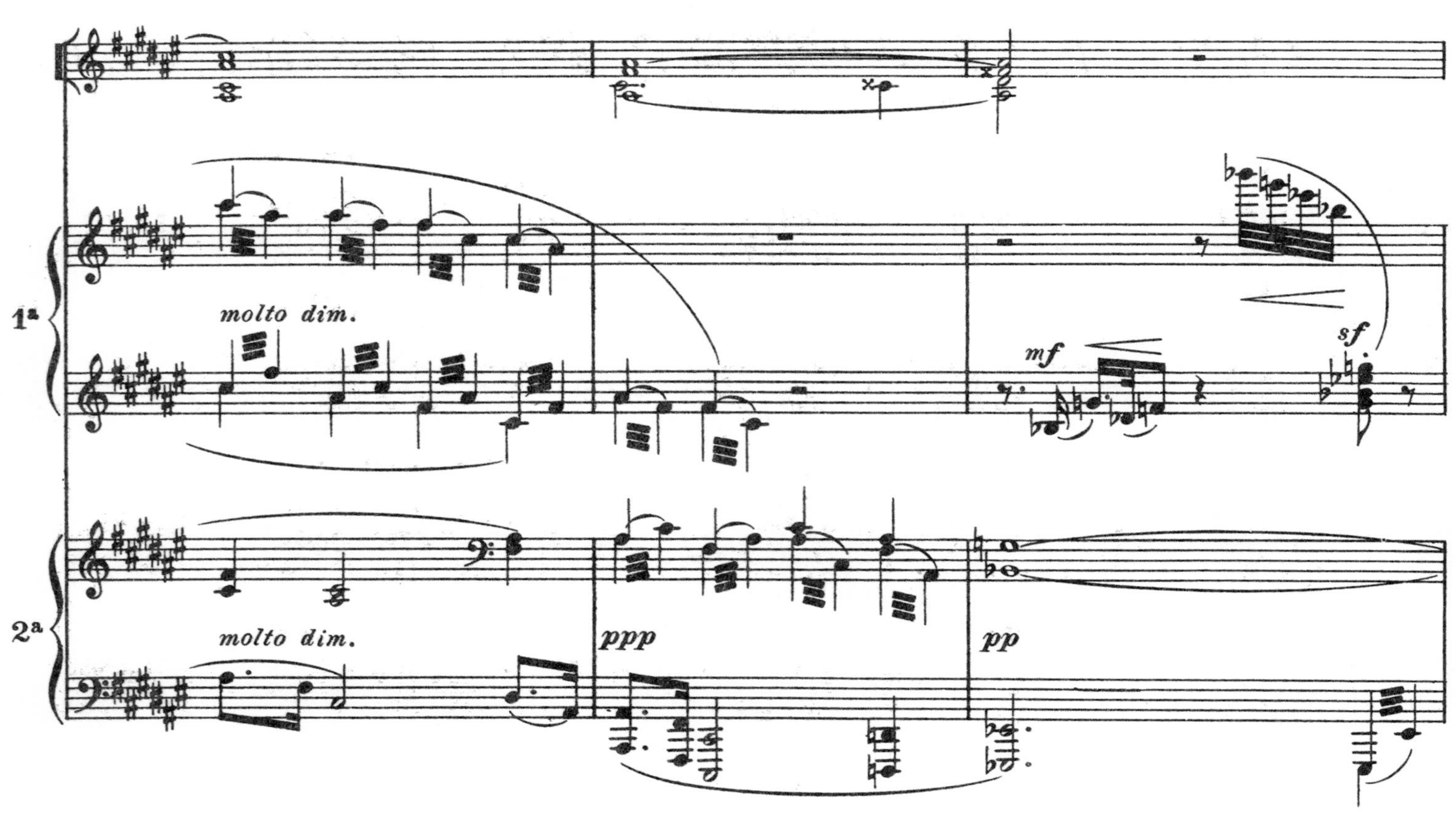
1ª
molto dim.
mf
sf
2ª
molto dim.
ppp
pp

Contr.
Tén.
pp
pp
1a
sf>pp
2a
pp
mf
p
1a
mf
2a

Sopr.
Contr.
Retenez
1a
Retenez
2a
Contr.
Tén.
m.g.
1a
2a

in poco accel.
a Tempo
1ª
in poco accel.
a Tempo
2ª
Con moto
1ª
Con moto
2ª
cre - - scen - - do
1ª
cre - - scen - - do
2ª

Allegro moderato
sf
mp agitato
1a
Allegro moderato
f
mp
sf
2a
sf>p
1a
2a
sf>p
CHŒUR
<sf
<sf
molto
cre
scen
do
Accelerando
mf
1a
molto
cre
scen
do
Accelerando
2a
mf

Più moto e molto stringere
mf cre - - scen - - do più f
Più moto e molto stringere
mf cre - - scen - - do più f
sf
All° non tanto
ff
All° non tanto
ff
1a
2a

Animato
1ª
ff
mp
espressivo
Animato
2ª
ff
mp
f
mp
f
mp
8
f
ff
f
ff

1a
2a
p
sf
Poco a poco più animato
mpp
mp
3
8

Ancora più animato
1a
mf sempre cresc.
Ancora più animato
2a
mf sempre cresc.
1a
più f
ff
2a
più f
ff
All° appassionato
1a
fff
ff
All° appassionato
2a
fff
ff

1ª
2ª
p
cre
scen
do
ff
f
mf
Con moto
Con moto

Molto appassionato
1a
2a
Molto appassionato
Scherzando, Tempo modto
Scherzando, Tempo modto

1a
2a
p
Moins vite et très rythmé
pp
tr

sempre p
1a
2a
pp
sf
sf
sf
sf
mp
mp

1a
2a
p
pp
cresc.
8
Un poco più vivo
mf
sf
Un poco più vivo
mf
sf

1a
2a
p
sf
cre
scen
do
8

8
1a
f
2a
f
8
sf p
sf
sf p
cre
scen
do
cre
scen
do

1a
f
2a
f
p molto dim.
p
pp
8a bassa
8
pp
pp

CHŒUR
Contr. Tén.
Andantino
1ª
Andantino
2ª

Mezzo-sopr.
Sopr.
pp
8
6
3
1ª
2ª

più forte
p
1ª
più forte
p
2ª
mf
mf
mf
1ª
mf
2ª

p
1ª
mf
p
2ª
p
p
pp
Rit.
1ª
p
p
pp
Rit.
2ª
pp

Tempo 1o
1a
sempre ppp
Tempo 1o
2a
ppp
8a bassa
8
ppp

1ª
2ª
pp poco a poco cresc. e accel.
pp poco a poco cresc. e accel.
sempre cresc.
sempre cresc.

1ª
2ª
molto cresc.
molto cresc.
f
f
Allegro ma ben moderato
Allegro ma ben moderato
ff
ff

8
1ª
2ª
mf
Con moto poco a poco
p
cresc.

1a
2a
p
p sempre cresc.
p
mp
mp

Più mosso
1a
mp
Più mosso
2a
mp
8
p
cre
scen
do

Allegro molto
1a
Allegro molto
2a
1a
2a
CHŒUR
Mezzo-Sopr, Sopr.
Contr.
Tén.
1a
2a

8
1a
2a
ff
ff
ff
fff
Très retenu
fff
Très retenu
fff

ff
a Tempo
8
1a
a Tempo
2a
8
FIN.

Petite Suite

for piano four hands

I: En Bateau

Petite Suite

for piano four hands

I: En Bateau

f risoluto
f
36
p
dim.
pp
51
pp
p
f
mf
dim.
p
più p
un peu retenu
67
pp
pp
pp

pp
f risoluto
35
f
p
p
dim.
p
pp
50
pp
f
mf
dim.
p
più p
66
un peu retenu
pp
pp
8

pp
a tempo
pp
80
p
90
dim. molto
p
en retenant peu à peu
piu p
dim.
encore plus retenu
101
pp
pp

a tempo
pp
pp
80
p
pp
91
en retenant
p
più p
peu a peu
dim.
pp
2
2
104
encore plus retenu
8
pp
pp
2
2

II: Cortège

II: Cortège

p
cre - - - scen -
18
- do
f
a tempo scherzando
sf
dim e poco rit.
p
sf
24
p
p
p
p

8
p
cre - - - scen - -
18
- do
f brillant
ff
a tempo scherzando
p
24
p
p

pp
p
33
cre - scen - do
la basse en dehors
più p dim.
40
1º tempo
mp

pp
pp
34
p
cre - - scen - - do
p
p
più p
pp
1º tempo
41
pp
ppp
mp
p

pp
50
cre - - scen - - - do
mf
p cre - scen -
56
- - do
f
retenu
ff
ff

pp
sempre pp
50
cre - - - scen - - do
mf
p cre - - -
56
- scen - - - - - do
f
ff
retenu
ff
8

III: Menuet

III: Menuet

Moderato
p
8
un poco rit.
p
mf
f
dim.
p
pp
21
p
p
dim.
p
pp
pp cre - scen - do meno
p
sf
sf

p gracieux
p
37
pp
mf
pp
mf
mf
dim.
p
47
f
p
p
55
più p
molto dim.

2da
1ma
1
2
3
p
39
pp
mf
pp
mf
mf
dim.
p
cre - scen - do
48
f
8
pp
p
8
56
più p
molto dim.

p legato
64
sempre p
72
dim.
p
p
molto dim.
82
pp
ppp
pppp

p
sempre p
65
pp
73
dim.
p
più p
p dim.
molto dim.
8
pp
8
83
ppp
pppp

IV: Ballet

IV: Ballet

p
cre
31
scen
do
f
mf
f
f
Tempo di Valse
a tempo
46
p
dim.
p rit
p

8
p
cre - - scen -
32
- do
f
mf
f
1
45
2
2da
Tempo di Valse
1ma
a tempo
p rit.
cre - scen -
- do
p
p

mf
p
mf
p soutenu sans lourdeur
71
cre - - scen - do
mf
dim.
più dim.
p
più p
87
pp
sempre pp
un poco rit.
a tempo
pp

mf
p
mf
p très expressif
70
cre - - scen - - do
mf
dim.
più dim.
p
86
più p
pp
sempre pp
un poco rit.
p a tempo

I°. Tempo
p
p
cre - scen - do
111
très rythmé
mp
121
p
dim.
p

Iº Tempo
pp
p
pp
p
cre - - scen - - do
110
p
mp
121
p dim.
p
p

139
cre - - scen - - do
Mouvt de Valse à un temps
f
p subito
153
cre - - scen - do poco f
p
più f
ff
FIN

p
8
cre - scen - do
139
Mouvt de Valse à un temps
f
p subito
153
p
cre - scen - do poco f
più f
ff
FIN

Prélude à l'Après-midi d'un Faune

for two pianos

I
II
p
cres
cen
do.
f
dim.
più dim e riten.

I
II
I
II
I
II
p
pp
p
pp
p
3
5

p
I
II
pp
mf
tr
dim.

I
II
Dans ce 3/4 les croches gardent le même mouvt

En animant un peu.
I
p
En animant un peu.
p
p doux et expressif.
II
mf
mf
p
p
p

Animez toujours.
cres
cen
do.
I
cres
cen
do.
II
Animez toujours.
Retenu.
f
mf
dim.
I
Retenu.
mf
f
dim.
II
1.er mouvement.
p
p
I
p
1.er mouvement.
p
II

cres
p très expressif.
pp
-cen - - do.
f
m.g.
pp subito mais le chant bien en dehors.
pp subito

I
II
m.g.
8
Retenu.
Retenu.

I
II
pp
Même mouv!
p doux, mais un peu en dehors.

I
II
pp
p
tr
sfz
6
3

I
II
pp
sfz
En retenant.
p

Mouvt du début. (Avec plus de langueur.)
pp
aussi léger que possible.
ppp
pp
I
II
pp
pp

en diminuant beaucoup.
dim. et retenu.
Plus lent.
Plus lent.
Très lent.
pp très lointain.

Six Épigraphes Antiques

for piano four hands

I: Pour invoquer Pan, dieu du vent d'été

1a
2a
dim.
p doux
molto dim.
Un peu plus mouvementé
p
pp
m.d.

1ª
2ª
f
marqué
mf
dim.
p
più p
p sempre
expressif
p expressif

1ª
2ª
mf
p
Poco rit.
1º Tempo
p doux et égal
Retenu
più p
pp

II: Pour un tombeau sans nom

Mesuré
1ª
p
Mesuré
2ª
pp
p
più p
(♩=♩)
(4/4)

1a
2a
pp
più pp
per - - den - - do - - - - - - -
(5)
(4)
au Mouvt
p
expressif mais contenu
étouffé

(4/4) (♩=♩)
1a
2a
pp
comme une plainte lointaine
sempre pp
Très retenu
8
più pp
perdendo.
Très retenu
più pp

III: Pour que la nuit soit propice

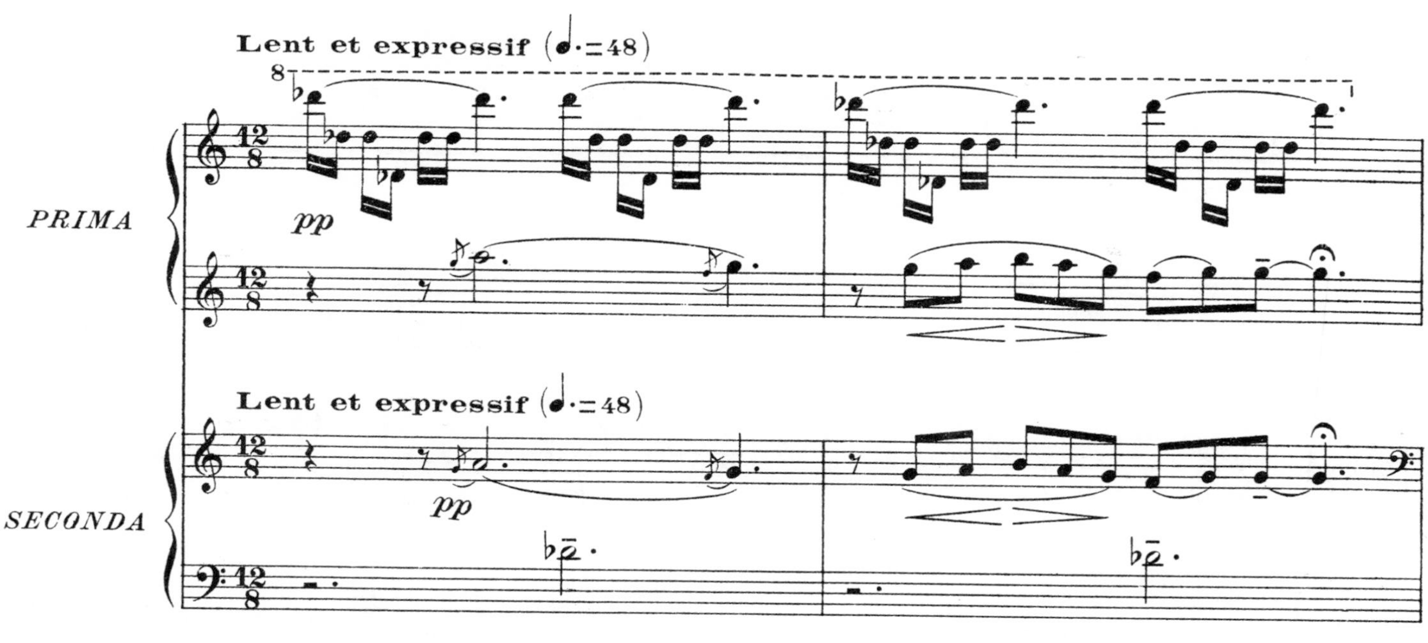

(12/8)
p
1ª
pp mormorendo
2ª
pp
pp
poco cresc.
sempre pp
poco cresc.
En serrant un peu
a Tempo
Rit. - - -
mf
p subito
pp
En serrant un peu
a Tempo
Rit. - - -
mf
p subito
pp

Animez progressivement
p marqué
1a
Animez progressivement
pp effacé
2a
p marqué
sfz p
Animez toujours
p cresc.
sfz p pp
Animez toujours
p cresc.

1a
2a
mf
dim.
p
Cédez
Au Mouvt
pp léger
piu p
doucement en dehors
pp
(6/8)
piu p

(12/8)
1a
p cresc.
2a
pp
p cresc.
mf
8
f
13
p
Retenu
6

IV: Pour la danseuse aux crotales

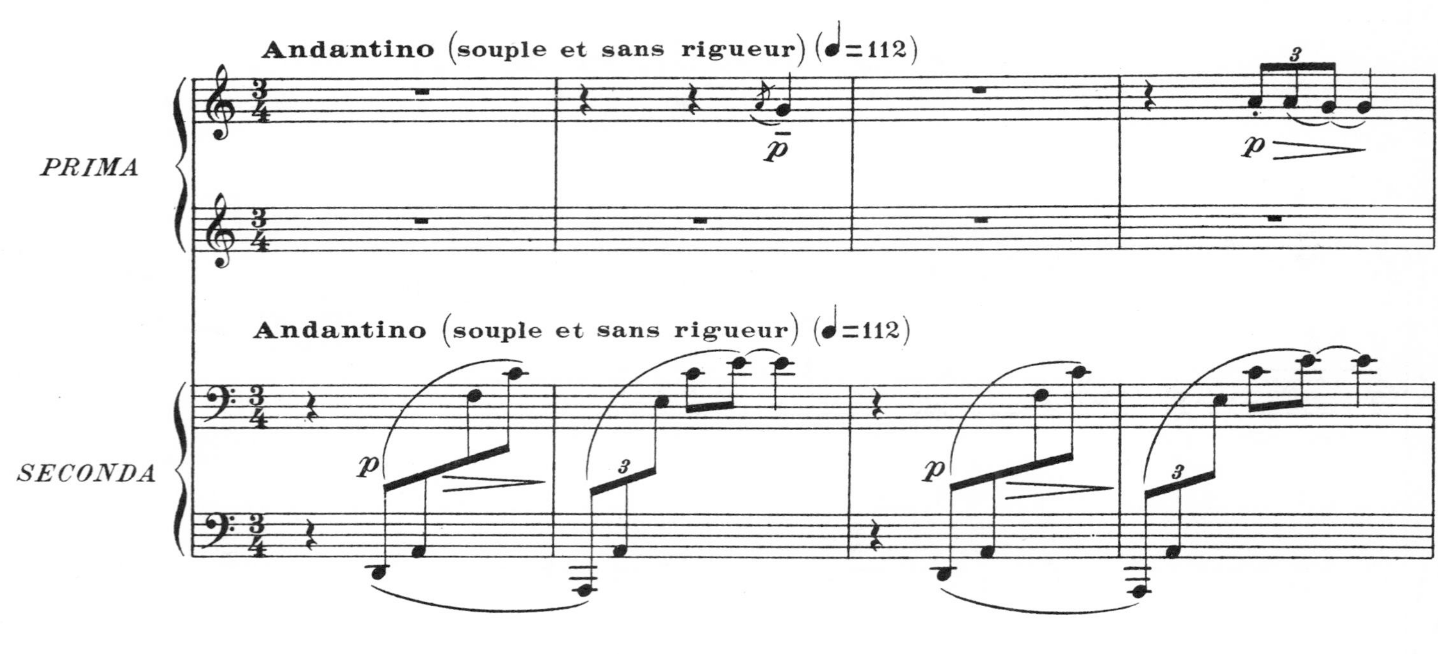

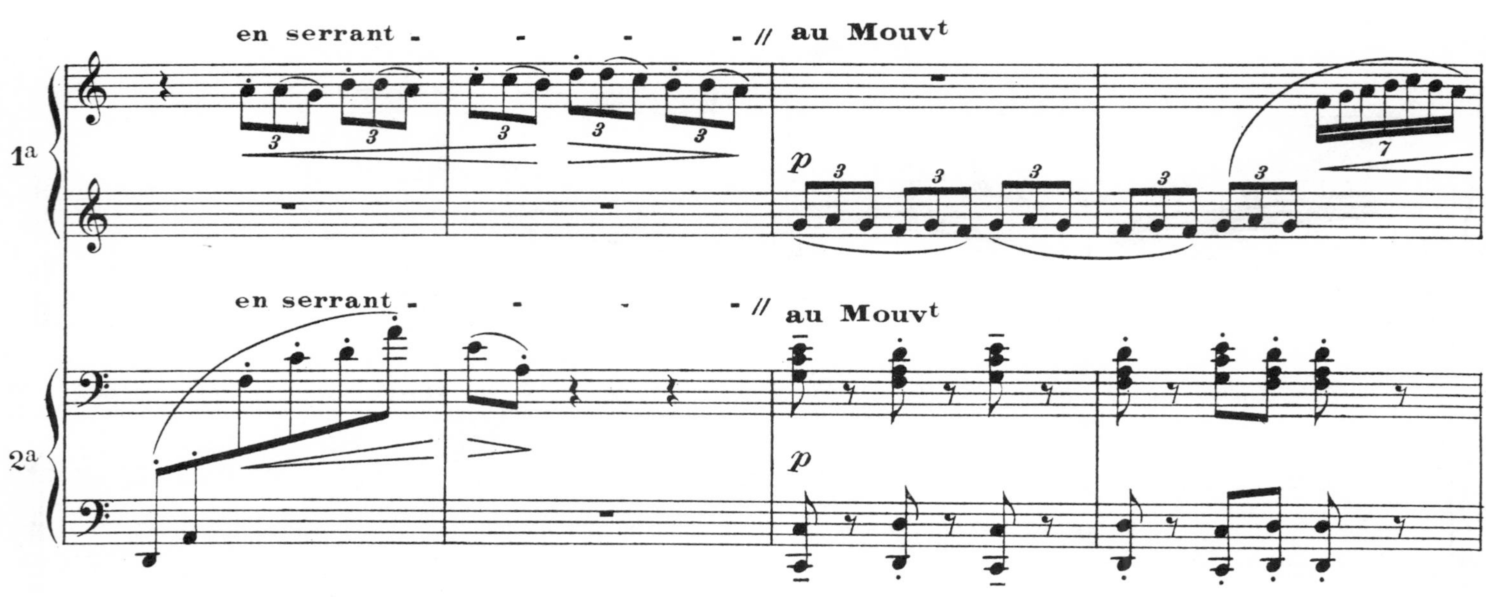

glissando
17
p
mf
sfz
m.g.
1a
2a
en diminuant peu à peu
8

Retenu - - - //
au Mouvt (sans rigueur)
molto dim. - - -
p
1a
2a
p
più p
en serrant - - - //
au Mouvt
pp

Poco rubato
p subito, doucement soutenu
p
1a
Poco rubato
p léger
p léger
2a
Mouvt
Retenu - - Molto rubato
mf
m.g.
dim.
m.g.
p
m.g.
Mouvt
Retenu - - Molto rubato
p doux et expressif
m.g.
p

1a
2a
più p
p
au Mouvt (sans rigueur)
en serrant
Tempo rubato
Retenu
pp très doux
pp

au Mouvt
sempre pp e leggierissimo
1a
au Mouvt
pp la m. d. un peu en dehors
2a
En serrant
p
cresc.
glissando
15
En serrant
p
cresc.
f
ff
tr
au Mouvement et Retenu
p
più p
au Mouvement et Retenu
pp

V: Pour l'Égyptienne

Mouvt
1a
2a
Mouvt
Serrez un peu - - - - Retenez - - - //
8
ppp
Serrez un peu - - - - Retenez - - - //
Un peu plus mouvementé
p doux et expressif
p
Un peu plus mouvementé
p doux et expressif
p

1a
2a
laissez vibrer
laissez vibrer
sans raideur
pp
p
pp
sempre pp
più pp

pp
più pp
p
poco
En retenant
Mouvt du début
p doux et marqué
Serrez
Retenez
Mouvt
ppp
1a
2a

VI: Pour remercier la pluie au matin

1a
2a
pp
pp
pp
pp

1a
2a
più p
p
più p
pp extrêmement doux et égal
8
poco
pp extrêmement doux et égal
8
pp

8
1a
2a
p
pp
p chanté
più p mais doucement sonore

1a
2a
p
mf
dim. - - - -
p
p
pp

1a
2a
pp
p
1a
2a
p
p
p
1a
pp léger

Cédez.
1a
Cédez.
2a
8a bassa
8a bassa
(♩=80)
au Mouvt
p
1a
(♩=80)
au Mouvt
2a
p
più p
1a
p
pp
pp
2a
p
pp
pp